RECIT VERITABLE DE LA VIE ET LA MORT DV MARESCHAL DE GASSION

Contenant les actions heroïques qu'il a faites, & particulierement depuis l'âge de dix-sept ans iusques à present, tant en Sauoye, Italie, Suede, Allemagne, Flandre, qu'autres lieux où il a tesmoigné sa valeur.

A ORLEANS, Chez GILLES HOTOT, & GABRIEL FREMONT,
Imprimeurs & Libraires. 1647.
AVEC PERMISSION.

LA VIE ET LA MORT DV MARESCHAL DE GASSION.

LE Mareschal de Gassion a eu pour pere Messire Iaques de Gassion second Président au mortier du Parlement de Pau, à present de Navarre : qui auoit esté Procureur general au mesme Parlement, & cettui-cy encor estoit fils de Messire Iean de Gassion aussi second President en ce Parlement là : où il auoit passé par toutes les belles charges, & sa vertu fut en telle estime à Henry le Grand, qui se connoissoit fort bien en hommes, que la charge du premier President au Souuerain Conseil de Bearn estant venuë à vaquer, & ce grand Prince, pour des considerations de ce temps-là ne pouuant le pouruoir en titre d'Office de cette premiere charge, la luy laissa neantmoins exercer par commission sans luy en vouloir preferer aucun autre, mais l'en laissa joüir paisiblemeut iusques à sa mort, qui n'arriua que 15. ans apres, en sa 90. année. Il estoit cadet d'vne des plus nobles maisons de Bearn, ayant perdu l'vn de ses freres à la bataille de Pauie, & vn autre ayant esté Gouuerneur du chasteau de Nantes en Bretagne.

Mais retournons à nostre Mareschal, dont la vie est assez pleine de gloire sans rien emprunter de celle de ses ayeuls. Il a eu quatre freres & deux sœurs : l'aisnée de celles-cy fut mariée au sieur d'Espalungue Gentilhomme Bearnois : la cadette au sieur d'Artagnan Gouuerneur de la forteresse de Mõtaner en Bearn & Lieutenant de Roy en la ville & païs adiacent de Bayonne, sous le Comte de Gramont-Toulongeon frere du Mareschal de Gramont.

Des freres de celuy duquel nous parlons, l'aîné exerce dignement la chargs de President au mortier au mesme Parlement de Nauarre & celle d'Intendant de la Iustice, police & finances de Bearn & ancien domaine de Nauarre : outre l'honneur qu'il a d'estre Conseiller d'Estat ordinaire ; le second, est le sieur de Pont d'Oly demeurant en Bearn : le troisiesme, le sieur de Bergeré Colonel d'vn regiment de caualerie & Mareschal de camp. Il estoit le quatriesme. Son cadet est l'Abé de Gassion, nommé par le Roy à l'Euesché d'Oleron aussi en Bearn & à l'Abaye du Luc au mesme païs.

Cette naissance & le bon augure qu'on tiroit de la viuacité de son esprit, notamment de ce que dés son enfance il ne vouloit ceder à personne, ayant merité vne bonne education : il fut éleué aux Lettres, qu'il apprit sous les Iesuites du College de Pau & sous les Barnabites de celuy de Lescar en Bearn, ceux-cy Religieux en cette Abbye du Luc : & profita tellement aux Humanitez & en la Philosophie, qu'il s'y trouua consommé auant l'âge de 16 ans.

Ce fut alors que se voyant en ce chemin fourchu d'Achile, auquel la ieunesse fait choix du genre de vie qu'elle doit suiure, nostre Gassion ayant balancé dans son esprit les diuers emplois de la robbe, à laquelle ses parens le destinoient, & voyant l'office de President au mortier occupé par son aîné : ne iugeant point d'autre charge en la robbe digne de luy : Il se resolut à prendre les armes, & en ayant facilement obtenu la permission de son pere ; bien aise qu'il se presentast occasion à vne partie de sa famille de reprendre l'épée qu'elle auoit quitté pour prendre la robbe : le Chef de cette famille, qui faisoit profesſion des armes, n'ayant laiſſé que des filles.

La France eſtant lors tranquile, comme tous les Eſtats voiſins, à la reſerue de l'Italie, il s'y en alla ſeruir le Duc de Sauoye : Mais le Roy defunt eſtant entré en guerre auec le Duc de Sauoye, & ayant fait commandement à tous ſes ſujets de quiter le ſeruice de ce Duc, qui fauoriſoit lors le parti des ennemis de Sa Majeſté, il retourna en France auec le ſieur de Vignoles Gentilhomme Bearnois Mareſchal de bataille & ſon Meſtre de camp, & eſtãt de retour au Pas de Suze, il fut reconnu auoir ſi bien fait en toutes les occaſions dans ſa condition de ſimple caualier, qu'il fut fait Cornette de la cõpagnie de Cheuaux-legers du Capitaine Philippes qui ſeruoit dans l'armée Françoiſe. Surquoy, l'accommodement ayant eſté fait entre Sa Majeſté & le Duc de Sauoye, & ſa compagnie, par ce moyen inutile, ayant eſté caſſée, luy qui ne pouuoit demeurer les bras croiſez, n'eut pas pluſtoſt entendu parler des hauts faits du Roy de Suede, & de l'irruption qu'il auoit faite preſque en meſme temps dans l'Alemagne, qui ſe trouuoit par ce moyen le vray theatre de la guerre, qu'il pratiqua quinze ou vingt caualiers de ſa cõpagnie, & auec cette petite troupe s'en alla en Allemagne.

L'humeur prompte de noſtre Gaſſion qui luy a fait atteindre en ſi peu de temps ce que les plus heureux n'acquierent qu'auec vne longue patience, ne s'entendoit point à marchander loug temps ni à faire aucune choſe par l'entremiſe d'autruy: Il n'eut pas pluſtoſt abordé l'armée de ce Conquerant, que la fortune lui preſenta l'occaſion de parler à luy Le Roy de Suede ſe promenoit par hazard ſur le meſme bord de la mer, où le vaiſſeau de noſtre Gheualier errant auoit fiché l'anchre. Iugez s'il fut aiſe d'apprendre par la reſponſe de ceux qui luy furent enuoyez pour le reconnoiſtre que c'eſtoit le Roy de Suede qu'il trouuoit à sa rencontre. Il le salüe, lui descouure son dessein, que ce Roy agrée, & par l'vsage de la langue Latine qui estoit familiere à ce grand Prince, & que nostre Gassion n'auoit pas oubliée, pour lui auoir adjousté l'Alemande, la Flamande, l'Italienne & l'Espagnole, Il n'eut pas beaucoup de peine à s'insinuer dans l'esprit de ce Prince fort humain & enclin à aimer & se fier en ceux de nostre nation, & qui prenoit grand plaisir à se laisser entretenir des affaires de la France. Luy ayant donc vn iour demandé s'il lui feroit bien vne compagnie de caualerie Françoise: nostre auanturier ne hesita point à lui promettre, & s'estant là trouué vn gentilhomme Parisien qui lui offroit d'en faire les auances, il le prend au mot, s'en vient en poste à Paris, y leue en six iours quatre-vingt dix hommes bien faits qu'il emmena auec lui en Alemagne, ayant par l'ordre qu'auoit donné le Roy de Suede, trouué sur son chemin à Hambourg, des cheuaux pour les monter, & l'argent qu'il rendit en suite à celui qui lui auoit auancé dequoy faire cette leuée, & qu'en reconnoissance de cette obligation il auoit fait son Lieutenant de cette compagnie.

Vous estonnez vous si vn caualier qui sçait vser de cette diligence, le plus grand secret de la guerre, a poussé sa fortune au poinct que vous l'auez veuë? La diligence, mon Lecteur, & l'assiduité en sa charge est le charme par lequel ce laboureur Romain sembloit transporter dans son champ les moissons de ses paresseux voisins, c'est elle à qui rien n'est impossible Mais il ne fait encore que commancer. Si tost qu'il fut auprés du Roy de Suede, il se fit si bien remarquer par sa promptitude à executer les ordres qu'on lui donnoit, & par sa valeur & sa prudence qui ne s'abandonnerent iamais l'vne l'autre, sinon que la premiere auoit tousiours le dessus, qu'il fut incontinant fort consideré entre les gens de guerre Suedois, chez lesquels se trouuoit la vraye école de la discipline militaire. Il estoit tousiours le premier des siens à cheual, & les siens tousiours les premiers de tous les autres. Aussi, le Roy de Suede lui ayant vn iour demandé en quel Corps de son armée & sous quel Chef il desireroit estre : il le pria de trouuer bon qu'il ne prist ordre, & ne receust commandement d'autre que de Sa Majesté Suedoise : Ce qui plut tellement à ce Roy qu'il le lui accorda, à la charge que lui & sa compagnie marcheroient tousiours à la teste de son armée, & lui seruiroient comme d'enfans-perdus, où ce Prince se trouuoit souuent ; auec telle satisfaction, qu'au bout de six mois il le fit Colonel d'vn regiment entier composé de huit compagnies de caualerie, auec lequel il seruit dans l'armée Suedoise à plusieers sieges & combats, tousiours auec l'honneur d'auoir beaucoup contribué à la continuation de ses victoires.

En toutes lesquelles occasions il courut bien grand risque de sa personne, mais d'autant plus volontiers qu'il croyoit la predestination, qui est l'vne des doctrines ausquelles l'auoit engagé le malheur de sa creance, faisant profession de la religion prétenduë reformée, qu'il auoit succée auec le lait, par le vice du païs & du temps qui n'auoit pas encore dessillé les yeux à vne grande partie des plus beaux esprits & des meilleures familles de la France : pour nous apprendre que la Foy est vn don de Dieu, qui ne vient pas de la capacité & dignité des hommes : sans lequel malheur nous aurions plus dequoy le louer, & il eust mieux obtenu le souhait qu'il repetoit souuent : *Tout m'est gain, à viure & à mourir, pourueu que ce soit en seruant Dieu & le Roy.*

Il y receut plusieurs blessures, & entr'autres vn perilleux coup de pistolet qui lui fut tiré à brusle-pourpoint dans le flanc droit, duquel coup apres estre réchappé par grand' merveille, dont toute sa vie est pleine, la playe s'est ouverte par plusieurs fois, tantost avec grand danger de sa vie, tantost cette ouverture lui servant de crise & de guerison aux maladies qui lui suruenoient: comme il lui arriva encor peu de iours avant sa mort.

Mais ne nous hastons pas tant d'arriver à cette mort, il la hastera assez de lui mesme. Il fit la guerre dans l'Alemagne avec cette qualité de Colonel iusques apres cette sanglante bataille de Lutzen, en laquelle le Roy de Suede triompha de ses ennemis par sa mort & apres sa mort mesme, & n'en retourna qu'avec le Duc de VVeimar, qu'il accompagna en France à la teste de son regiment, qui lui fit remporter cet avantage par dessus tous les autres François qu'il receut les mesmes appointemẽs que tous les Colonels estrangers, & que la justice militaire lui en fut accordée, à l'exclusion de tous autres Iuges, comme aussi de donner les charges qui viendroient à vacquer dans ce regiment; ce qu'il a tousiours fait, bien qu'il se trouuast enfin monter à plus de dix-huit cent Chevaux en vingt compagnies dont il estoit fortifié: la plusspart des estrangers qui venoient servir le Roy, voulans estre sous sa charge: tant il observoit d'équité à leur promotion, & tant il estoit exact obseruateur des regles de la guerre, qu'il auoit apprises du Roy de Suede. Aussi, retint il seul en France & François, le nom de Colonel, jusques alors attribué aux seules troupes auxiliaires.

Le Colonel Gassion fut desormais de toutes parties, & il n'y avoit point d'occasion ni d'entreprise où il ne fust parlé du Colonel Gassion S'estant separé du Duc de VVeimar, il alla servir sous le Mareschal de la Force en Lorraine: Où en l'an 1635. il tailla en piéces auprés d'Eſpinal dix compagnies d'infanterie : A Brugeres, Dompayre & autour de Rambervilliers défit à trois fois 1600 Lorrains, dont 900 demeurerent ſur la place & gagna 400 chevaux : Emporta dans le Baſſigni les drapeaux de deux compagnies du Duc Charles par lui défaites : Ravitailla le chaſteau de Cheſté prés de Mirecour, à la veuë de Clinchant, duquel il enleva enſuite le quartier & prit tout ſon équipage & trois Cornettes, lui tua deux cent hommes & en prit autant : gagna ſur les Lorrains les villes de Charme & de Neufchaſtel, y ayant tué deux cents hommes.

En l'an 1636. il défit 2. Compagnies de Croates entre la Bourgongne & Mirecour : & ſervit vtilement ſous le Marquis de la Force à la défaite de deux mille Imperiaux aux portes de Ravon, où leur General Coloredo fut fait priſonnier.

En 1637. il enleua vn quartier aux meſmes Imperiaux dans le Luxembourg, & leur tua plus de cent hommes : Défit en vne autre occaſion 27 Cornettes d'Eſpagnols, en tua trois cent ſur la place & en emmena quantité de priſonniers, & entr'eux Dom Alonços de Viveres, frere du Lieutenant general de la cavalerie de Flandre : Dépeupla Monts de beſtail, en ayant emmené à vne ſeule fois plus de ſix mille chefs, & au retour prit vn convoi, ayant tué trois cent de ceux qui le conduiſoient.

En 1638. au ſiege du Catelet il tranſperça d'vn coup de piſtolet le Lieutenant Colonel du General Picolomini : où l'admiration de ſa valeur donna envie à ce General de conferer avec lui, comme il fit.

En 1639. ſous le Mareſchal de la Meſleraye, ſon abord à la teſte de 1500. hommes qu'il commandoit, lui fit rendre le chaſteau de Trimque prés d'Arras : d'où continuant ſon chemin vers Manicour il prit 200. hommes qui se vouloient defendre contre lui dans vne tour & tua tout ce qu'il y trouva en armes : Ne paroissant pas aussi moins adroit à reprimer les soulevemens des mutins qu'à s'opposer aux ennemis estrangers : Il fut choisi du Roy pour dissiper vne racaille de paysans & de malotrus qui s'estoient mis en armes sous vn gueux nommé Va-nuds-pieds : lesquels aprés avoir divisez, comme le sont toûjours aisément ceux qui vont contre le service du Roy il les défit en suite, en ayant tué vne partie sur la place, gangné leur drapeau qu'il apporta au Roy & mis le reste en fuite, à la reserve des prisonniers, entre lesquels se trouverent leurs principaux Officiers qui furent depuis executez à mort pour apprendre la fidelité & l'obeyssance aux autres.

Mais cette défaite n'ayant pas encor domté tous les rebelles, il se rendit premierement maistre de la ville de Caën, dans laquelle & autour ils s'assembloient, & en ayant desarmé la bourgeoisie qui estoit soupçonnée de les favoriser, détacha contre les mesmes mutins qui s'estoient allez depuis fortifier dans Avranche, 1000 hommes de pied & 500 Chevaux, avec quoy il les alla défaire, en ayant laissé 300 sur la place, desquels estoient quatre de leurs Chefs, & fait grand nombre de prisonniers.

En 1640. ayant esté commandé d'aller escorter auec le Vicomte de Monbas nos fourageurs aux enuirons d'Arras, ayans a cét effet 600 Cheuaux & 700 mousquetaires, & les ennemis qui en furent auertis les ayās ennoyez charger par 260 hommes de cheual soustenus de loin par trois mille autres : Ce Colonel sceut si a propos faire iour par ses cavaliers a son infanterie, que de sa premiere salue elle abatit 60 Maistres des ennemis, & qu'il contraignit a fuir, apres leur en auoir encor tué 40.

En 1641. ayant eu ordre d'assiéger la ville de Lilers a

trois lieuës d'Aire, où les ennemis se vantoient de faire grande resistance, a peine l'eut il sommée qu'elle se rendit apres quelques mousquetades & auoir seulement sceu qu'il auoit du canon : Il defit 125 des ennemis qu'il rencontra de nuit pres la ville d'Aire où ils auoient dessein d'entrer : de sorte qu'il en laissa 30 sur la place & en fit douze de prisonniers, le reste s'estant noyé en se voulant sauuer.

C'est estre assez vaillant pour vn Chef que l'estre en compagnie : mais s'est s'estimer plus qu'Hercules de se mettre seul contre plusieurs : ce qui arriua neantmoins au Colonel Gassion : Aussi sa fortune se trouuāt presque singuliere & extraordinaire & affectant a ne marcher point sur les pistes d'autrui, il ne faut rien trouuer en lui d'estrange, telle que seroit cette action en vn autre. Ayāt eu avis que les Croattes emmenoient les cheuaux du Prince d'Enrichemont, il voulut aller au deuant d'eux, accompagné seulement de quelques-vns de ses caualiers : et s'estant trouué vn fossé entre lui & les ennemis qui lui en empeschoit l'abord, il le fit passer a la nage a son cheual, sans regarder s'il estoit suiui des siens : tellemēt qu'il alla lui seul ausdits ennemis, en tüa cinq, mit les autres en fuite & ramena trois des nostres qu'ils tenoient prisonniers auec les cheuaux qu'ils auoient butinez. Sous le mesme Mareschal de la Mesleraye, ce preneur de villes, il fit voir au siege de celle d'Aire combien il estoit infatigable, ayant demeuré quelque fois 40 heures a cheual, & hors des partis qu'il faisoit sur l'ennemi, ne s'esloignant iamais des tranchées.

En la mesme année 1641, il defit prés la Bassée sept cornettes de Croattes commandées par le Comte Ludovic, auquel il apprit la difference qu'il y auoit entre vn Chef vigilant comme lui & vn autre endormi tel qu'il trouua ce Comte : Car il lui enleva son quartier, & lui donna vne si rude camisade qu'il le contraignit de se sauuer en chemise dans Lile apres qu'il eut veu sa garde auancée composée de 150 hommes entierement défaite, 100 des siens faits prisonniers, tout son bagage perdu, cheuaux, charettes, & toutes les femmes & filles iusques à la sienne emmenées : non que le Colonel Gassion en eust a faire de ce meuble, n'estant pas a son vsage, mais pour en tirer rançon comme il fit en les luy renuoyant.

Estant en 1642, commandé par le Mareschal de Gramont, il fut encor enleuer vn quartier de Croates pres de Lile, de laquelle entreprise, la nuit tres obcure, la pluye tres-importune & les autres iniures du temps des plus rudes ne le peurent détourner, disant a ses compagnons que c'estoit lors qu'il y faisoit bon, les ennemis n'estans pas sur leurs gardes.

En 1643, sous le Duc d'Anguyen a la bataille de Rocroy, par iugement de ce Prince, le plus digne arbitre & le plus oculaire tesmoin qu'il pust auoir lors, de ses actions, il seruit tres dignement tant au secours & a la conseruation de sa ville de Rocroy, que le Comte d'Ysanbourg auoit inuestie, qu'en la signalée bataille qui se donna deuant cette place. Car il y introduisit cent fuzeliers, apres auoir défait les petits Corps auancez des ennemis, poussé leurs gardes & donné si vertement dans leurs bandiéres, ou teste de leur armée, qu'il executa facilement ce dessein, cõme il fit en cette fameuse bataille si ponctuellement tous les ordres de ce Prince qu'il en mérita sa loüange. Sous le mesme Prince il fut au siege de Thionville, auquel il ne rendit pas moins de preuues de son infatigables ardeur au seruice du Roy que par tout ailleurs, estant present a tous les trauaux, méprisant a l'imitation de ce Prince les périls fréquens en ces lieux-là, où trauaillant a faire vn logement sur le haut d'vn bastion, il receut cet autre coup de mousquet dans la teste, duquel il rechapa contre l'avis de tous.

En 1644 sous son Altesse Royale il s'empara de plusieurs forts aupres de Grauelines, a la prise de laquelle il fit a son ordinaire.

En 1645, sous son Altesse Royale en Flandre il continua ses soins & son courage a la prise de plusieurs forts aupres d'Vate, où ils tüa 300 des ennemis & en prit deux cents : Fit passer la riviére de Colme a ses soldats tous nuds portans leurs habits sur leur teste : Exécuta parfaitement les ordres de Sad. A. a la prise de Mardik, & chassa Lamboy qui venoit a son secours : Reçeut vne quinziesme blessure a la prise de Link, qui estoit vne mousquetade dans le bras, laquelle n'empescha pas qu'il n'assistast encor a la prise de Bourbourg, & depuis a celles de Bethune, de Lilers & de S. Venant : qu'il ne prist le chasteau de la Mothe-Desbois & ne défit 5 régiment d'infãtérie & deux de caualerie Espagnole en deux villages du païs-bas, sur lesquels il remporta 19 drapeaux & 8 cornettes, l'honneur qu'il receut cette année la du Baston de Mareschal de France, duquel il fut pourueu sans passer par la charge de Lieutenant General comme la pluspart des autres, mais seulement par celle de Mestre de Camp General de la Caualerie légére de France, ne permettant pas à ce grand courage de se relascher pour quelque raison que ce pust estre,

Et pourquoi vous répéterois-ie tous ses autres exploits dont la mémoire est encor récente, & puis que nos relations en sont pleines, comme de la prise de tant de places en Flandres, & notamment de la Bassee, laquelle mise en balance auec toutes les conquestes do l'Archiduc Léopold, qui ont mené tant de bruit, va de l'egal auec elles? C'est vn abysme où ie me perdrois, i'ay eu de la peine à vous parler de chacune de ses actions en detail, cõment vous les pourrois-ie bien déduire toutes ensembles. Il faut laisser le reste à des volumes qui en feront naistre de l'admiration à la posterité, & se contenter de ce qui est ici pour vn recit de deux feüilles.

Toutes-fois, il n'y a pas tant à s'ébahir qu'vne persone qui ne s'estoit adonnée depuis l'âge de seize ans qu'a vn seul exercice, sçauoir à celui de la guerre, le fist en perfection : Car il se peut dire de lui que le temps, lequel plusieurs autres perdent à l'amour au vin, au ieu, à la chasse, & a vne infinité d'autres divertissemens de la vie, qui en font escouler la pluspart invtilement, n'estoit par lui employé qu'à faire des entreprises contre les ennemis du Roy, & à les executer.

L'amour ne lui estoit pas seulement indifferãt, il auoit vne si grande aversion aux filles & aux femmes & a toutes les coqueteries qui en dependent, qu'il est mal-aisé de conceuoir comment, estant de cette humeur, il ne laissoit pas de pratiquer fort adrétement la ciuilité & courtoisie, qui semble s'apprendre mieux auec ce sexe que dans toutes les escoles de la Moriale. Il n'estoit pas seulement ennemi de ces autres habitudes que l'excez rend mauuaises, l'entretien lui en estoit odieux : Aussi n'estoit-il sçauant qu'en son mestier, & affectoit de parroistre peu versé en toute autre matiére, escartant le plus qu'il pouuoit les occasions d'en parler, mais auec tout le respect & la complaisance possible.

Cette humeur le faisoit parestre altier, & a esté jugé tel de quelques-vns : qui me permettront de dire pour l'honneur que nous deuons a ceux qui ont prodigué leur vie, comme lui, pour le seruice du Roy & le salut de leur patrie : Que l'esprit de l'homme estant borné, le sien se trouuoit tout occupé a l'action presence de l'ordre qu'il donnoit ou qu'il executoit : de sorte qu'il lui en prenoit de mesme qu'a ce grand Archiméde, lequel estant ectasié dans ses desseins, beaucoup inferieurs à ceux de nostre genereux Mareschal, n'aprehendoit & ne consideroit mesmes rien de tout ce qui les troubloit tant soit peu: jusques a mespriser la mort & les perils qui l'enuironnoient. Son ame estoit du nombre de celles qu'Aristote dit estre faites pour commander aux autres en quelque cōdition qu'elles se trouuent : Ce qui semble devoir rendre son procedé plus excusable, puis qu'il despendoit d'vne inclination naturelle, sans laquelle il n'eust possibles iamais executé de si grandes choses.

Il se proposoit de couronner cette campagne par la prise de la ville d'Ypre, & estoient conuenus à cette fin lui & le Mareschal de Rantzav qu'il lui enuoyeroit cent mille rations de pain, lesquelles auoient esté cuites à cette fin à Dunkerque & a Dixmude, & embarquees en deux bateaux, comme aussi toutes les autres commoditez necessaires a ce siege, & pour subsister dans le païs ennemi. Mais, foiblesse des proiets humains : les bateaux demeurerent vn iour embourbez dans l'vn des canaux de la riviere du Lis par lequel ils venoiēt, & les facheuses pluyes suruenuës en mesme temps retardérent l'execution de ce dessein & la rendirent tres difficile : Alors le desplaisir, la plus commune causes des maladies qui surviennent aux grands hommes, contribua beaucoup à celle qui luy arriua en mesme temps : qui fut bien soulagee par l'ouuerture de ses anciennes playes : mais lui continua neātmoins vne fievre de cinquante quatre heures. Tous ces accidens le contraignirēt de s'arrester seulement vn iour par le chemin ; puis ayant commandé qu'on le menast dans son carrosse nonobstant la fiévre, il tascha de forcer, selon sa coustume, tous ces obstacles pour faire reussir son dessein, & l'eust fait sans que les ennemis eurent le temps, par ce retardement de ietter 2500 hommes dans cette place d'Ypre.

Ce qui lui ayant fait perdre l'esperance de s'en pouuoit si-tost rendre maistre : cet esprit tousiours agissant n'en put demeurer-là : Il voulut employer ses forces & ses preparatifs a quelque autre proiet. Et l'occasion ne lui en fournissant point d'autre que d'ataquer la ville de Lens, il se resolut incontinent d'oster cette espine du pied à la Bassee.

L'vne des plus sensibles differences d'entre Dieu & les hommes, me semble estre celle-ci, que nous faisons bien les propositions, mais Dieu les resout. De fait, nostre Mareschal assiege Lens cõme vous auez sçeu, & s'y prend de si bonne sorte que les ennemis n'ont pû depuis esviter sa prise : mais ayant ce deffaut auec plusieurs personnes illustres, de ne se contenter pas de commander & de donner leurs ordres, les voulās eux mesmes executer, il voulut aller en personne visiter ses gardes auancees accompagné du sieur de Bougi Mareschal de bataille & du sieur de Hontans Capitaine au regiment de Bergeré, pour monstrer aux trauailleurs ce qu'ils auoient à faire & en esbranlant vn des pieux que les ennemis auoient planté deuant vne demi-lune qu'il attaquoit, il receut vn coup de mousquet à la teste sur les 4 heures du soir du 28 du passé, qui porta au costé droit de l'os parietal vers le coronal, & duquel il tomba bien, mais n'ayant point rendu de sang par le nez, la bouche, ni les oreilles, ni perdu la parole, ni eu aucun autre fascheux accident de ceux qui accompagnent ordinairemẽt les playes de la teste necessairement mortelles, encore que la bale eust esté trouuee sur la dure-mere au dessous de trois pieces d'os qu'elle auoit fracassez, tous de la grandeur d'vne piece de vingt sols, on jugea d'abord qu'elle s'estoit là amortie & y auoit terminé toute sa violence : D'où l'on esperoit cõtre esperance qu'il en pourroit aussi bien rechaper qu'il auoit fait il y a cinq ans, de cette autre mousquetade qu'il receut aussi a la teste, entre l'os coronal & le Temporal, deuant Thionville, emportee par la valeur & la conduite du Duc d'Enguyen, à present Prince de Condé; à la guerison de laquelle playe la nature l'auoit tellement aydé qu'elle lui auoit de son propre mouuement separé au quatriesme iour la grandeur d'vn ducaton de l'os, & l'auoit comme trespané d'elle mesme: Et de fait le Courier que le Roy luy auoit enuoyé à Arras, où il fut porté le lendemain pour y estre pensé plus commodement, estant parti d'aupres de lui trois iours apres le coup receu, & encor vn autre Gentilhôme que son Eminence lui auoit enuoyé, & qui ne l'auoit quité que le quatriesme iour de sa blessure, firent le mesme rapport: & ce qui en donnoit le suiet, il signa vne lettre qu'il auoit dictee 2. heures auant sa mort, n'ayant perdu que durant ce temps là parole: & ainsi mourut auec vn iugement aussi sain qu'il l'eut iamais, c'est a dire tres-grand, le 2 de ce mois & le 4 de sa blessure, sur les 3 heures apres midi: auquel moment toute la France pouuoit dire qu'elle perdoit l'vn des plus courageux & plus hazardeux guerriers de nostre siecle, au commancement de la trente-huictiesme de son âge.

Si est-ce qu'on ne peut ici obmettre la rencontre qu'a faite vn Astrologue nommé Questier en son Almanach de cette annee, qui sous le pronostic du dernier quartier arriua ce funeste coup, contient ces mots, *Mort d'vn Marsial courageux*: & à la fin de l'autre prediction de ce mois ceux-ci se treuuent encor, *Ici nous est pronosticqué vne mort violente de quelque homme courageux*: Et estant allé voir le iour du mesme soir auquel il fut blessé, le sieur de Chambord Lieutenant Colonel d'vn regiment de caualerie de Son Eminence il le trouua lisant cette prediction, ce qui donna sujet à ce Lieutenant de le prier de se garder soigneusemẽt durant 2 ou 3 iours de ce desastre ou mauuaise influence pouuoit le menacer; mais il lui respondit: *Nos iours sont contez: La volonté de Dieu soit faite.* Belle resolution à ceux qui sont dans l'Eglise.

FIN.

www.ingramcontent.com/pod-product-compliance
Lightning Source LLC
La Vergne TN
LVHW052042160826
845678LV00003B/1497

* 9 7 8 2 3 2 9 6 3 2 7 1 1 *